Véritable Image
DE NOTRE-DAME DE GRÂCE DE CAMBRAI.
(d'après le daguerréotype)

# QUELQUES
# RÉFLEXIONS

A PROPOS DE

## L'ESSAI ARCHÉOLOGIQUE

SUR

L'Image Miraculeuse de Notre-Dame-de-Grace de Cambrai,

PAR M. **E.-J. FAILLY.**

---

## LETTRE

### A M. l'abbé CAPELLE,

PRÊTRE AUXILIAIRE DU DIOCÈSE DE CAMBRAI.

CAMBRAI,
IMPRIMERIE DE C.-J.-A. CARPENTIER, GRAND'PLACE, 76.
1845

*En écrivant mes premières réflexions au sujet de l'Essai archéologique de M. Failly sur l'Image miraculeuse de Notre-Dame-de-Cambrai, j'avais dû me borner à examiner cette brochure au point de vue historique. Pour compléter mon travail, j'ai désiré qu'un artiste, plus compétent que moi, en semblable matière, examinât les assertions de M. Failly, relatives au genre de peinture et à l'antiquité de cette Image. Je connaissais heureusement à Paris un artiste, enfant de notre pays, et qui, à un talent véritable, à des connaissances étendues, a le bonheur de joindre des sentimens chrétiens. Le long séjour qu'il a fait à Rome et dans toute l'Italie, où il a été étudier les plus antiques monumens de l'art chrétien, me promettaient de sa part un travail aussi consciencieux qu'intéressant, s'il consentait à l'entreprendre. Mon vœu a été rempli ; je livre aujourd'hui au public une Etude sérieuse sur l'Image de Notre-Dame-de-Grace.*

*Ce n'est pas à moi qu'il appartient de faire l'éloge de ce travail ; un seul regret peut être exprimé : c'est que l'auteur ne précise pas son opinion personnelle. Par une réserve modeste, il a voulu, sans doute, éviter le défaut dans lequel tombent ordinairement ceux qui, malgré des connaissances très superficielles, n'hésitent pas à prendre, dans les questions les plus douteuses, le ton tranchant d'un docteur infaillible.*

*J'ai cependant encore à exprimer le regret de n'être autorisé à livrer que les initiales du nom de l'auteur, L. J. H., à la reconnaissance des Cambresiens restés fidèles au culte de notre Patronne.*

*Mon travail n'eût point été complet, si je n'avais mis, sous les yeux du lecteur, une image du tableau de Notre-Dame-de-Grace, un peu plus fidèle que celle donnée par M. Failly, à la suite de sa brochure. Quoiqu'il l'ait présentée comme la* reproduction exacte de notre Madone, il me permettra de présumer qu'il s'est contenté de la copier sur son tableau, à lui, dont il a si justement évalué tout le prix à quatre francs cinquante centimes. Il est facile de voir maintenant que cette reproduction si fidèle, disait-on, de notre tableau, est ignoble, et qu'elle est à l'original ce qu'est une caricature à un portrait.

Quoiqu'en dise l'auteur de l'Essai, je ne pense pas qu'il existe de véritable copie de l'Image de Notre-Dame-de-Grace : j'ai examiné toutes celles qui passent pour les meilleures; aucune ne peut revendiquer une exacte ressemblance.

Voici comment j'ai procédé pour obtenir celle que je place en tête des observations de M. L. J. H. Assez heureux pour en obtenir l'autorisation, j'ai fait prendre un calque de l'Image, puis une épreuve au daguerréotype afin d'obtenir une réduction exacte. C'est sur ces élémens que j'ai fait procéder à la lithographie par un artiste habile. Je puis donc, avec assurance, avancer que cette copie est de la plus grande exactitude, et qu'elle donne l'idée la plus fidèle de l'Image de Notre-Dame-de-Grace de Cambrai.

J'ai fait placer dans l'encadrement qui environne cette Image, les dates des faits les plus intéressants de son histoire. A savoir : 1440, date de l'arrivée de l'Image à Cambrai; 1452, date de sa translation solennelle à la Métropole; 1649 et 1657, dates des sièges où les cambresiens ont attribué le salut de leur ville à l'intercession de Notre-Dame-de-Grace.

Tout en réfutant la brochure de M. Failly, je lui rendai toujours cette justice : c'est qu'elle aura servi à démontrer l'attachement que l'on conserve encore, dans ce pays, pour la sainte Image vénérée par nos ancêtres. C'est à ce sentiment que je dois, sans doute, l'accueil bienveillant fait à la lettre où j'ai réfuté certaines assertions peu honorables pour l'ancien Chapitre de la Métropole. Les encouragements que j'ai reçus, à cette occasion, m'ont engagé à entreprendre un travail plus étendu que je me propose de publier sous le titre de : Histoire du Culte de la Ste Vierge à Cambrai.

CAPELLE,

*Prêtre Auxiliaire.*

## A M. L'ABBÉ CAPELLE,

**Prêtre auxiliaire du diocèse de Cambrai ,**

Monsieur,

J'ai bien tardé à répondre à votre lettre, parce que mes occupations me laissent à peine le temps de respirer. J'ai lu pourtant avec attention l'*Essai archéologique sur Notre-Dame de Cambrai* que vous m'avez envoyé. L'auteur, que je n'ai pas l'honneur de connaître, a eu des intentions louables, sans doute : il faut lui savoir gré de ses recherches; cependant son érudition, peut-être un peu verbeuse, ne m'a pas paru toujours assez solide. Selon moi, dans son travail, il y a du vrai, du faux parfois, du douteux plus souvent :

*Sunt bona, sunt quædam mala, sunt mediocria plura....*
(Martial.)

Je vais, puisque vous le désirez, jeter quelques notes sur

le papier, en suivant à peu près l'*Essai*. Je ne me propose pas de démontrer que l'Image que nous vénérons ait été peinte par St-Luc : vous verrez pour quelles raisons. Mais je pense établir avec assez de certitude qu'elle ne peut être aussi récente que l'auteur le suppose. Vous verrez que tous les moyens dont il appuie ses suppositions à ce sujet ne soutiennent guère l'examen. L'Image déjà ancienne lorsqu'elle fut apportée à Cambrai, passait dès lors pour l'ouvrage de saint Luc. Et le donateur, et le chapitre, en l'offrant comme une Image vénérée et digne de l'être, n'ont rien voulu ajouter à l'autorité d'une tradition qui était sujette à l'examen, n'ont rien fait pour imposer au peuple une erreur à ce sujet. Je pense avoir encore détruit plusieurs assertions, sans fondement, que l'auteur a répandues dans son travail. Vous jugerez, Monsieur, et vous ferez de tout cela l'usage que vous croirez convenable. Malheureusement, j'ai peu de temps, je n'ai point de livres sous la main et je ne puis fouiller dans les recueils et les bibliothèques pour fortifier mes observations. J'ai lu et étudié avec un amour incomparable la plupart des monuments primitifs de l'art chrétien, dans le pays qui en a été le berceau ; mais mon but était d'apprendre, et non de disserter. La réputation d'archéologue ne m'a jamais tenté. Si je hasarde ici quelques réflexions, c'est que j'attache sincèrement de l'intérêt à ce que la discussion qui paraît s'engager, amène quelque lumière sur l'origine de l'Image vénérée de Notre-Dame de Grâce. Je n'espère guères cependant une solution complète, et je ne la crois pas, après tout, indispensable. C'est bien assez que cette Image rappelle aux fidèles la divine mère du Sauveur, et qu'elle ait excité en eux, depuis des siècles, des sentimens de foi et de confiance, que Dieu a daigné couronner par des graces sans nombre.

Seulement, je pense que lorsque l'on veut sonder une question d'antiquité, d'histoire, il faut une grande circonspection, ne donner pour positifs que des faits réellement incontestables, laisser dans le doute ce qui est douteux ou ce qu'on ignore, et surtout être très sobre de conjectures.

Or c'est ici un peu le défaut favori de l'auteur de l'essai : il affectionne singulièrement les conjectures. Il les accumule, il les lie ensemble; et c'est ainsi qu'il parvient à faire sur l'origine de notre Image vénérée une espèce de roman. La plupart des écrivains français de notre époque, qui ont écrit sur des matières semblables, sont tombés dans le même défaut. Je parle même de ceux qui font le plus de bruit, qui ont presque l'autorité. A la différence de ces Messieurs, l'auteur de l'essai donne bien un peu ses suppositions pour ce qu'elles sont; cependant, d'une pure hypothèse il aime à tirer des conclusions positives comme d'une majeure incontestable.

Ainsi, selon lui, la Vierge de Cambrai est peinte à l'huile. La peinture à l'huile date de Jean de Bruges : donc Notre-Dame de Cambrai est postérieure à Jean de Bruges. La peinture à l'huile fut introduite en Italie par Antonello de Messine ; mais le tableau dont il s'agit n'est point digne de ce maître : donc il est l'œuvre de quelqu'un de ses plus mauvais élèves; et ainsi de suite. Je m'arrête à la première de ces assertions, à celle qu'il donne d'une manière plus absolue, et sur laquelle il appuie avec confiance cette foule de conjectures dont j'ai parlé plus haut. « L'image de la Madone de Cambrai est une peinture à l'huile.» (P. 12.) Or, cette assertion, on peut, jusqu'à preuve bien positive du contraire, la regarder elle-même comme une hypothèse; et, fût-elle vraie, on ne peut en conclure ce qu'en conclut l'auteur.

D'abord, la Madone de Cambrai est-elle autrement peinte que cette multitude d'anciens tableaux de Vierges et autres, bien antérieurs à Jean de Bruges, qui ont paru au moins aussi certainement peints à l'huile que la Vierge de Cambrai; qui ont fait que plusieurs écoles d'Italie ont réclamé la priorité d'invention pour ce genre de peinture contre Jean de Bruges? L'auteur de l'*Essai* cite lui-même la *Madona della lettera* de Messine, qu'il suppose avoir pu être peinte à l'huile par un procédé plus ancien que celui de Van Eick et qu'il suppose encore avoir donné à Antonello le désir d'aller en Flandre pour apprendre le secret retrouvé de cette manière de peindre. Et ne peut-on pas supposer, avec autant de droit, que la Vierge de Cambrai a été peinte vers le même temps et par la même méthode? Sans entrer dans les discussions interminables qu'a soulevées cette question de l'invention de la peinture à l'huile, question sur laquelle de nombreux volumes ont été écrits contradictoirement, il est certain que la plupart des anciennes Madones Byzantines et celles des anciens peintres italiens du XIIIe et d'une partie du XIVe siècle, paraissent peintes à l'huile, comme Notre-Dame de Grace : soit que des tentatives de peinture à l'huile aient été réellement faites par le procédé indiqué par le moine Théophile, procédé long et difficile selon Théophile lui-même (1), soit que la cire, mêlée de quelque huile éthérée ou de tout autre dissolvant ait remplacé alors l'huile que nous employons aujourd'hui, comme Bianchi, Fabroni et plusieurs chimistes italiens l'ont trouvé en fesant l'analyse des matières colorantes d'anciens tableaux qu'on croyait à

---

(1) Quod in imaginibus diuturnum et tædiosum nimis est.... (De omni scientiâ artis ping. C. 23.)

l'huile (1). L'encaustique, ou peinture à la cire, pratiquée par les anciens Grecs, était encore en usage à l'époque où ont été peints la plupart des tableaux sacrés, vénérés en Grèce et en Italie. C'est après la première moitié du XIV<sup>e</sup> siècle qu'on voit la cire de moins en moins employée (2), disparaître presque entièrement pour faire place à la peinture au jaune et au blanc d'œuf, mêlée de belle gomme, et souvent recouverte de vernis qui donnent encore l'apparence et l'éclat de la peinture à l'huile.

Quoiqu'il en soit, l'auteur, paraît s'être hasardé beaucoup, en disant qu'une peinture encaustique ou de l'ancienne *tempera* dont nous venons de parler, n'aurait pu résister quatre siècles aux causes délétères auxquelles a été soumise la sainte Image de Cambrai, puisque beaucoup de tableaux de ces anciennes époques ont résisté pendant un temps aussi considérable à des circonstances semblables et même aux injures de l'air, puisque l'encaustique est encore aujourd'hui l'objet de recherches ardentes de la part des savants, et que des artistes du premier ordre, comme M. Orsel, l'emploient à peu près exclusivement malgré l'imperfection des procédés actuels; et cela, parce qu'ils sont convaincus qu'elle

---

1) Da Morrona avertit ceux qui font l'analyse chimique des peintures anciennes, que souvent lorsqu'on retrouve de l'huile, on croit avoir entre les mains une peinture vierge, tandis que souvent elle a été retouchée à l'huile à une époque plus récente. L'ancienne *tempera* dont je parlerai, se prêtait fort à ce genre de retouches.

(2) De moins en moins employée, par économie, par paresse, ou par la difficulté de garder les préparations d'œufs, de cire, et des autres matières ingrédientes employées dans ce genre de peintures; préparations qui variaient pour chaque couleur.

est infiniment plus solide que la peinture à l'huile; et celui qui trouverait un moyen simple et facile de pratiquer cette peinture répondrait, comme Valori le dit à propos de l'époque de la découverte de Jean de Bruges, au désir et à l'attente de tous les peintres, et serait presque un autre Van Eick. En effet, il y a des peintures antiques qu'on a retrouvées à l'épreuve de l'eau forte, dont, avec la pointe du couteau, on n'a pu détacher qu'avec une peine extrême quelques parcelles de couleur quoiqu'elles fussent fortement empâtées. Il en est qu'on a enterrées, mises dans l'eau pendant long-temps, et qui ont reparu telles qu'elles étaient auparavant.

Rien donc ne prouve que le tableau de la Métropole de Cambrai soit postérieur à Jean de Bruges, ni même qu'il soit du XV$^e$ siècle. Tout se réunit au contraire pour rendre cette opinion peu probable et pour reculer beaucoup plus loin l'antiquité de l'image.

L'école naturaliste à laquelle appartenait Antonello (1) de Messine, était moins propre que toute autre à conserver le style et le caractère traditionnel des Madones des époques anciennes : quelque chose dans le faire et dans l'expression

---

(1) Ou Antonio : car, en vérité, il n'y avait pas lieu à faire une querelle à M. D...., pour avoir mis l'un à la place de l'autre. En Italie les diminutifs, les augmentatifs, les vezzegiatifs ont toujours été singulièrement en usage ; ces peuples allongent, accourcissent les noms propres de mille manières qui les rendent souvent méconnaissables; ainsi celui qui a été d'abord appelé au baptême Giovanni (Jean) a été appelé depuis Vanni ; Philippo est devenu Lippo et Pippo. Qui reconnaîtrait au premier coup d'œil dans Mino un diminutif de Giacomino qui est lui-même un vezzegiativo de Giacomo (Jacques) Giotto c'est Angiotto, Dante c'est Durante : ainsi d'Antonio, Antonello, etc.

trahirait une époque plus récente, et une école aux tendances opposées. En effet, l'école greco-italienne que M. F..... suppose à cette époque et qui aurait formé Antonello, n'existait plus; l'auteur se trompe de plus d'un siècle. La réaction allait même trop loin, et les dernières traces du grandiose religieux de l'école Byzantine et même de celle de Giotto qui lui avait succédé, achevaient de disparaître. Le système naturaliste triomphait à Florence et envahissait toute l'Italie. L'école plus mystique de l'Ombrie, tout en conservant mieux le caractère pieux des anciennes peintures, s'en écartait beaucoup dans tout le reste. Venise, qui avait si eu long-temps des rapports étroits avec la Grèce, s'en éloignait dès lors plus que les autres écoles par la liberté de la composition et la bizarrerie des costumes contemporains qu'elle introduisait déjà dans ses tableaux. J'ai vu, j'ai même dessiné la Vierge de Cambrai. J'ai vu et dessiné un grand nombre des Madones vénérées de l'Italie, surtout de Rome, je possède les calques et les gravures de beaucoup d'autres que je n'ai pu dessiner moi-même. Je la trouve tout-à-fait analogue de style, de caractère et d'exécution aux plus anciennes Madones de l'Italie. J'en connais plusieurs qui lui ressemblent même sous le rapport du motif de la pose des deux figures, au moins autant que le fragment de Lorette donné dans l'*Essai* et dont je dirai plus loin quelque chose. Cependant ce n'est réellement la copie d'aucune de celles que j'ai pu voir par moi-même. Celle de *Ste-Marie-Majeure* est, de face, d'un style un peu dur (1) mais singulièrement grandiose. Elle tient, en

---

(1) Cette dureté dans les figures des anciennes époques paraît tenir beaucoup au procédé de peinture alors en usage et que les Grecs modernes ont conservé. Il consistait à ébaucher avec beaucoup de noir. Cette couleur a

croisant ses mains l'une sur l'autre, l'enfant Jésus qui regarde et bénit le spectateur. La Vierge de l'*Eglise-du-Peuple*, également attribuée à St-Luc, et qu'on dit avoir été autrefois transportée d'Antioche à Constantinople, puis de Constantinople à Rome, et enfin transférée par Grégoire IX de St-Jean-de-Latran à *Santa-Maria-del-Popolo*, se rapprocherait un peu plus de notre Vierge de Cambrai; mais cette ressemblance est éloignée, l'enfant est tout différent. Il y a un tableau de Vierge attribué à saint Luc et vénéré dans une chapelle près de l'hôpital de la Consolation, que je mentionne ici parce qu'il porte comme le nôtre le titre de Notre-Dame-de-Grace, *Madonna delle Grazie;* mais il ne lui ressemble en rien. La Vierge est majestueuse, mais seule et dans l'attitude de la prière. Ces trois tableaux sont de grandeur naturelle, ou à peu près (1). Dans les tableaux purement byzantins, Jésus est enfant plutôt par les dimensions que lui donne le peintre que par la proportion qui est d'un adolescent ou même d'un adulte. Il est toujours vêtu d'une tunique et d'une toge comme un empereur. La nudité des bras et des jambes dans le tableau de Cambrai, paraît indiquer l'époque où les anciens peintres italiens commencèrent à s'affranchir dans quelques détails des

repoussé probablement à la longue. Les teintes plus douces, glacées ensuite sur cette rude ébauche, ont disparu en partie et ont laissé aux figures ce caractère dur que nous leur trouvons.

(1) Il n'est pas impossible cependant que parmi les Vierges attribuées à saint Luc qui se trouvent en d'autres lieux et que je n'ai pu voir, ou du moins *bien voir*, il ne s'en trouve quelqu'une qui ressemble beaucoup plus à notre tableau. Je dis *bien voir,* car souvent l'obscurité, la hauteur, les glaces qui recouvrent ces images, empêchent presqu'entièrement de bien distinguer les figures.

traditions byzantines qu'ils conservaient dans le reste de leurs œuvres. C'est l'époque de la naissance des écoles d'Italie, vers le commencement du XIII siècle. Alors le vieux Guido à Sienne, d'autres à Bologne, à Venise, commencèrent à se permettre quelques légères innovations dans la forme du voile de la Ste-Vierge, le costume de l'enfant. Et même l'Occident plus affectueux que l'Orient essaie déjà parfois dans la pose du saint Enfant, cette naïveté que M. F... trouve avec raison dans notre tableau (1). Parmi les anciens modèles que j'ai pu voir, soit immédiatement, soit reproduits par la gravure, celui qui se rapproche le plus de la Vierge de Cambrai, c'est une Madone rapportée d'Italie par M. Artaud de Montor et lithographiée dans sa collection à la planche 3 comme appartenant à la peinture primitive de Venise. Quoique le texte explicatif qui accompagne cette collection ne soit pas inattaquable, je n'ai point d'objection à faire à cette opinion. La richesse des broderies ajoutées au manteau et à la tunique de la Ste Vierge, la rendent probable; mais il reste probable aussi que cette image a dû être copiée par un artiste qui aura voulu l'embellir d'après un modèle plus ancien et plus simple, ou que toutes deux dérivent d'une autre antérieure que je ne connais point (2).

(1) Dans la seconde moitié du même siècle la voie s'élargit encore et Cimabue jette les fondements de cette grande école que Giotto achève de former et qui remplit de ses ouvrages le siècle suivant; mais j'ai voulu ne parler, pour le moment, que des images de la Ste Vierge et me restreindre aux tableaux analogues à celui qui nous occupe.

(2) Les broderies en forme de caractères orientaux qu'on voit à la frange du manteau de la Ste Vierge, sont fort fréquentes dans les tableaux du XIII<sup>e</sup> et du XIV<sup>e</sup> siècle. Ils représentent des étoffes venues de l'Orient et fort en usage alors en Occident.

Vous voyez, Monsieur, qu'au bout de mes investigations, j'arrive comme M. F.... à une époque bien postérieure à saint Luc, et en effet, je crois, avec le plus grand nombre de ceux qui ont examiné les tableaux attribués à ce saint, qu'ils ne peuvent réellement lui appartenir, au moins dans l'état où ils sont. Il faudrait supposer une série de retouches qui auraient fini par faire des tableaux tout-à-fait différents de l'œuvre primitive. Aucun, tel qu'il est, ne dépasse l'époque de la peinture dite byzantine. Le savant et pieux abbé Lanzi, dans son histoire de la peinture italienne, dit que le sentiment opposé, n'est plus celui d'aucune personne instruite. Cependant, ni l'existence d'un Luca Sancto, peintre Toscan, ni celle plus ou moins problématique d'un moine grec et d'un ermite Syrien du même nom, qu'on a également supposées, n'expliquent suffisamment la tradition qui, en Orient, en Grèce, en Italie, en France, attribue des tableaux au saint évangéliste; et il reste probable, comme le pense M. F...., qu'il en a du moins existé. Je ne crois pas, pour ma part, qu'ils dussent être grandement *inspirés* par le souvenir des *Images* si *gracieuses* du monde Gréco-Romain, ni que saint Luc, pour les peindre; soit allé se former aux *écoles* des *Nicias* et des *Philocares*: mais toujours est-il que, comme les sarcophages des Anicius et des Bassus, comme les peintures des catacombes, comme le rouleau de Josué de la bibliothèque Vaticane, comme plusieurs monuments chrétiens antérieurs à la chute de l'empire romain, le style et l'exécution devaient nécessairement présenter de notables différences avec celui des âges postérieurs. Au reste, et ici je suis heureux de me trouver d'accord avec M. F...., on a si peu voulu imposer la croyance que ces tableaux fussent en effet de saint Luc, que la formule, *ut dicitur, ut piè creditur,* est universelle en

Italie comme en France. Le *Diario Romano*, imprimé au frais de la chambre apostolique, indique les jours où l'on découvre les Vierges, *dipinte, come dicesi, da san Luca*. Seulement j'ignorais que pieuse croyance fût synonime de *pieuse fiction*; je croyais que cela signifiait seulement une opinion respectable, mais qu'on ne voulait ni imposer, ni prendre sous sa responsabilité.

Je reviens à la page 13, où je trouve encore plusieurs faits plus ou moins exacts, plusieurs hypothèses plus ou moins fondées, formant une sorte d'édifice en porte-à-faux, dont la construction aurait embarrassé maint architecte. L'auteur s'en est tiré avec habileté, mais c'est peu solide : « Le chanoine » Fursy de Bruille, arrivé à Rome au moment même de » cette nouvelle découverte (la peinture à l'huile), aura » voulu porter dans son pays la copie fidèle d'une image en » grande considération dans l'Italie. » Or, voici la première difficulté qui m'eût arrêté comme bien d'autres. L'histoire d'Antonello présente, il est vrai, plusieurs incertitudes chronologiques, par exemple sur l'année de sa mort, sur l'âge qu'il avait lorsqu'il mourut; cependant, selon les historiens les plus exacts, il paraît qu'il revint de Flandre en Italie *au plus tôt* vers 1440. (Lauzi scoala nap). Il retourna d'abord dans la Sicile, sa patrie, puis selon les auteurs et selon M. F... lui-même, alla s'établir à Venise (p. 13). Il ne se pressa donc point de venir à Rome. Il n'y vint même point du tout selon toute apparence. Il avait étudié autrefois le dessin dans cette ville avant son voyage en Flandre, avant de connaître la peinture à l'huile. Je n'ai pu trouver aucune trace dans les historiens du second séjour à Rome que suppose l'*Essai* (1). Cependant M. F... affirme

---

(1) Il quitta Venise pour Milan, puis de Milan retourna à Venise, où il

(p. 13 et 25) qu'*il vint enfin à Rome* et même qu'*il y vint tenir école*, et que c'est parmi les élèves de cette école que doit se trouver l'auteur de la Vierge que Fursy de Bruille rapporta en Flandre en 1440. Supposons-le : mais il faut bien, ce semble, quelques années pour tout cela. Or, Fursy était retourné en Flandre en 1440, c'est-à-dire à peu près lorsque Antonello quittait ce pays pour retourner de son côté en Italie. Ces deux hommes ont donc pu tout au plus se rencontrer en chemin, et il est impossible que Fursy eût trouvé à Rome l'école d'Antonello, des élèves déjà formés par lui, et son procédé de peinture y faisant déjà sensation (1). Admettons pourtant toutes ces hypothèses. Fursy aurait donc rapporté, comme une rareté, dans le pays où la peinture à l'huile avait pris naissance et où elle florissait, une mauvaise copie à l'huile d'une Vierge attribuée à saint Luc, et vénérée à Rome, à Ste-Marie-Majeure ou ailleurs; car l'auteur ne sait où se trouve l'original dont il suppose que notre

travailla jusque vers 1490, comme le prouve la date de ses derniers tableaux, et où il mourût.

(1) Tout cela serait difficile, même en mettant avec M. F.... le départ de Flandre d'Antonello en 1437; car, il faut placer le séjour à Messine, l'établissement à Venise, l'ouverture d'une école à Rome et faire le tableau du chanoine Fursy, tout cela avant son départ en 1440. Vasari et les plus anciens historiens d'Antonello disent qu'il ne vécut que 49 ans. Gallo le fait naître en 1447 et mourir en 1496 : alors il n'aurait pu connaître Jean de Bruges, mais seulement ses élèves. Cependant comme ses relations avec Van Eick sont racontées par tous les historiens, il faut absolument accorder une vie plus longue à Antonello. Il reste infiniment probable toutefois qu'il ne put connaître Jean de Bruges que peu de temps avant la mort de celui-ci arrivée vers 1441, et que la date de 1437 donnée par M. F...., comme celle de son départ de Flandre, est tout-à-fait improbable.

Vierge est une copie, et je ne le sais pas davantage : cependant il ne doute pas qu'il ne fût vénéré dans quelque Eglise célèbre. Aux pages 14 et 25 il paraît incliner pour Rome et pour Ste-Marie-Majeure : « Toujours est-il qu'Antonello
» s'étant rendu de Messine à Venise, puis enfin à Rome
» (comme nous venons de voir), a pu faire reproduire la sainte
» Image par un de ses élèves, soit au vu de l'original, soit
» au vu de sa copie déjà en vénération à Ste-Marie-
» Majeure. » Mais l'Image de Ste-Marie-Majeure ne ressemble en rien à Notre-Dame de Cambrai. Alors c'est à Lorette qu'il faut chercher cet original. Domenico de Venise et J. Bellini, *élèves d'Antonello*, ont été *chargés* (1) *de la restauration des peintures et de l'embellissement de l'Eglise de Lorette*. Ils auront pu faire, pour le chanoine de Cambrai, la copie d'une des Images de la *santa Casa*. Bellini, observons-le en passant, ne fut jamais élève d'Antonello. Il s'introduisit un jour dans son atelier pour surprendre le secret de la peinture à l'huile, voilà tout. Du reste, il a peint des faits de l'histoire de son pays, des portraits, beaucoup de tableaux d'autel de grande dimension et avec un grand nombre de figures, mais point de madones byzantines. Je n'ai point trouvé non plus qu'il peignît à

(1) Chargés par Eugène IV, ajoute M. F...., cela paraît bien précis Cependant les historiens de Lorette, Tursellini et autres ne disent pas un mot de ces restaurations et de ces embellissements commandés par Eugène IV. Ils disent au contraire que malgré sa bienveillance connue, ce Pontife absorbé par la réconciliation de l'Eglise grecque et de l'Eglise latine et par d'autres grandes affaires, n'eut pas le temps de s'occuper de Lorette. Son secrétaire Biando, mentionne seulement en termes magnifiques les dons que la piété des princes et des peuples déposait chaque jour dans ce sanctuaire.

Lorette. Domenico y peignit avec Pietro della Francesca. Ce ne fut point, comme un passage de la page 25 semblerait l'indiquer, à la *santa Casa* où l'on ne fait point de nouvelles peintures et où l'on s'abstient par respect de restaurer les anciennes. La grande église qui sert comme de reliquaire à la *santa Casa*, est ornée, comme toutes celles de l'Italie, de nombreuses peintures où Domenico et bien d'autres ont pu exercer leur talent, et, en effet, on trouve quelques fresques de lui et de son compagnon nommé plus haut, à la voute de la sacristie de la cure. Dans tous les cas, si notre Vierge dérivait de quelqu'une des images de la Ste-Maison, ce serait une imitation très libre et non la *copie fidèle* dont parle M. F... Le tableau de Ste-Marie-Majeure serait une copie plus libre encore; mais ce tableau, selon toute probabilité, est plus ancien que les sept images de Lorette. « (1) Quoi
» qu'il en soit, dit encore l'auteur, la position élevée du
» chanoine dans l'église de Cambrai, son mérite personnel,
» le motif de son voyage, lui auront facilité la permission
» et les moyens de se procurer la représentation d'une
» madone dont le type hiératique, attribué à saint Luc,
» se trouvait conservé dans le trésor d'une église en grande
» célébrité. » Quelque puisse être cette Madone, quelque

---

(1) Je n'ai malheureusement pas vu Lorette. J'ai vu non seulement les gravures comme l'auteur de l'*Essai*, mais des copies peintes avec exactitude des fresques de la *santa Casa* et ces copies justifient ce que j'avance du défaut de ressemblance entre ces images et celles de Ste-Marie-Majeure et de Cambrai. Elles n'ont de commun que ce qu'ont de commun entr'elles toutes les Vierges très anciennes, c'est-à-dire le caractère de sainteté, la convenance et la modestie de la pose, puis quelqu'accessoire, comme la forme du manteau, etc.

soit cette église, quel que soit encore le copiste employé à cette reproduction.

« Les tableaux étaient encore très rares en Flandre à cette époque » : autre supposition qui n'est là, ce semble, que pour faciliter la marche du récit. L'école de Van Eick et d'Hemlinck, si florissante au temps de Fursy de Bruille, est au moins comparable, pour la fécondité, aux écoles italiennes les plus fécondes, de la même époque. Mais laissons ces bagatelles. « C'était alors un legs précieux à faire « à la Métropole dont il était un des archidiacres (p. 14). » *Cette copie aura peu à peu partagé la gloire, le mérite, la* » *vénération dont, à Rome, on entourait l'original. La foi, peu* » *éclairée, le besoin, l'amour du merveilleux et quatre* » *siècles auront fait le reste.* » La période est sonore, mais que signifie-t-elle ? A la mort de Fursy, où en était la question ? Les quatre siècles suivants qu'avaient-ils fait ? Cependant alors on disait exactement, comme aujourd'hui, que Fursy avait donné à la Métropole une image attribuée, par une pieuse croyance, à saint Luc. Voici donc, selon moi, toute la question.

Fursy de Bruille, cet homme vénérable, selon son épitaphe, cet ecclésiastique éclairé, selon M. F..., était, sans doute, un honnête homme. Si donc il a fait faire cette copie, s'il l'a commandée et payée de ses propres deniers, comme l'auteur le croit possible (page 26), ou si, dans l'hypothèse qu'elle lui ait été donnée en présent, il l'a rapportée comme un ouvrage curieux produit récemment par un procédé nouveau et qui faisait honneur à son pays, cet homme éclairé, cet honnête homme, en la donnant à la Métropole, n'a pu assurément la donner comme l'original attribué à saint Luc, et il était impossible que quelques années plus tard, et à sa mort, on eût complètement pris le change; ou bien, pour l'honneur des suppositions de l'auteur, il faut dévorer une myriade d'absurdités et faire de Fursy de Bruille et du chapitre de Cambrai des hommes de la plus insigne mauvaise foi. Mais rien ne nous oblige à leur imposer une tache aussi infamante. Il n'y a pas une preuve contre eux. Seulement tout le système historique de M. F... s'en va en fumée. La peinture, lorsqu'elle vint entre les mains de Fursy de Bruille, était déjà regardée comme de saint Luc. Depuis quand existait cette opinion? Je l'ignore, et je ne veux point battre le champ des conjectures; mais ce tableau n'était point récent. C'était même un tableau réellement ancien, dès cette époque. Si le nom de Vierge de saint Luc était passé d'un original plus ancien encore, au tableau qui le reproduisait et qu'il obtint, l'erreur, ayant été commise par d'autres, n'était déjà plus facile à vérifier, et il put, sans cesser d'être honnête homme et homme éclairé, le donner comme un tableau *attribué à saint Luc*, et c'est, paraît-il, ce qu'il fit.

Quant à ce que dit l'auteur, du défaut de reconnaissance de l'ancien chapitre de Cambrai envers Fursy de Bruille, de l'intention peu loyale qui aurait fait éloigner peut-être son tombeau de la chapelle de Notre-Dame-de-Grace, j'y crois peu, je l'avoue; mais je n'essaie la discussion que dans la nature de mes faibles connaissances. Tout ce que je puis dire, c'est que pour supposer une intention odieuse, il faudrait des preuves et que je n'en vois point.

La facilité à affirmer sans preuves bien solides, que nous avons trouvée dans l'auteur de l'*Essai*, sa manière toute neuve de traduire un mot latin auquel tout le monde donne une acception un peu différente *(ut piè creditur,* plus haut), pourrait inspirer quelque défiance sur l'explication qu'il donne des chiffres inscrits au champ du tableau (p. 32); et en effet, il y a encore là, je crois, quelqu'erreur. Je me suis mêlé d'être quelque peu helléniste, avant de m'occuper d'art; j'ai recueilli, en voyage, une foule d'inscriptions sur des monumens, des peintures grecques, des diptyques byzantins, autour des figures des nécrologes (1). J'ai bien remarqué que, vers la fin de l'empire grec, les caractères se déforment, dans les monuments, les images, les manuscrits; que dans ceux-ci les abréviations et les liaisons se multiplient et les rendent presque indéchiffrables (2); mais je n'ai

(1) Les médailles me sont moins familières, mais sont plus étrangères à la question. L'époque où elles présentent plus de mélange de caractères grecs et romains, c'est, je crois, vers le VIII<sup>e</sup> siècle. Dans les derniers temps de l'empire grec, les caractères à peine formés sont pourtant toujours grecs, si ma mémoire ne me trompe. (Voir l'ouvrage de M. de Saulsy sur les monumens byzantins.) M. F.. se serait donc trompé, quant aux deux parties de son assertion. Dans les premiers siècles, l'empire d'Orient se souvient mieux de son origine romaine; les médailles des Justinien, des Héraclius sont ordinairement latines; au VII<sup>e</sup> et VIII<sup>e</sup> siècles, on trouve un pêle-mêle singulier de grec et de latin; plus tard, l'empire de Byzance se prétend toujours romain, mais le grec domine exclusivement dans les monuments.

Le mélange de caractères dont je viens de parler, outre qu'il ne regarde point les images, ne donnerait jamais les chiffres de Notre-Dame-de-Grace de Cambrai, surtout $\overline{mR}$ $\overline{PI}$ ; c'est pourquoi je rapporte ceux-ci à l'Occident.

Le chiffre de Joseph aurait nécessairement un ω IωC s'il était byzantin, très probablement un S s'il était latin.

(2) Exemple: Près d'une image de Saint Jean-Baptiste, dans un

point rencontré, je l'avoue, dans les images vraiment byzantines, les caractères gréco-romains, dont parle l'auteur de l'*Essai*, et qui seraient ceux de la Madone de Cambrai. Les chiffres qui accompagnent celle-ci se trouvent dans beaucoup d'autres images anciennes de la Ste-Vierge, en Occident. Voici leur explication et leur histoire que je crois incontestable.

Les Grecs écrivent auprès des figures les noms propres des personnages qu'elles représentent, tantôt verticalement, tantôt horizontalement, tantôt en combinant l'une et l'autre manière. La Ste-Vierge, dans leurs images, est toujours accompagné du double chiffre M̅H̅P̅ Θ̅Y̅ Μη̃τηρ Θεοῦ. Souvent les trois premières lettres sont liées ainsi  ou

H̅P̅ ou M̅H̅P̅. Souvent il n'y a que deux lettres de chaque côté de la tête : M̅P̅ Θ̅Y̅. Le Christ son enfant, soit adulte, soit groupé avec la Ste-Vierge, soit dans d'autres sujets, est désigné également par un double chiffre I̅H̅C̅ X̅P̅C̅ Ιησους χριστος, qui se réduit aussi souvent à

tryptique grec :

Ⓐ ο Ἅγιος.

ΙѠ ιωαννης.

 ο Προδρομος.

deux lettres ÎC X̂C (1). Le nombre des tableaux grecs, répandus en Occident étant considérable au moyen-âge, le peuple étant habitué à l'intelligence de ces chiffres qu'il trouvait partout (2), et les modèles que copiaient les artistes Occidentaux des XIIe et XIIIe siècles étant ordinairement byzantins, ils inscrivaient ces mêmes chiffres dans leurs tableaux. Ensuite ils introduisirent quelques lettres latines. A MP ΘΥ on substitua MR DI *Mater Dei*, ou par les lettres gothiques qui remplacèrent alors les caractères romains que nous avons repris vers le XVIe siècle : 𝕸𝕽 𝕯𝕴 𝕸𝕽 𝕻𝕴 comme dans le tableau de Cam-

---

(1) CC, formes du Σιγμα, plus usitées dans les monuments que Σ ou ς.

(2) Ces chiffres se trouvent dans toutes les monnaies occidentales du moyen-âge. Dans les monnaies d'or de France, on trouve, dès les premiers temps de la monarchie, la formule 𝕏𝕻𝔾 suivi des mots *vincit, regnat, imperat*. Plus tard on trouve 𝕏𝕻𝔾, puis 𝕏𝕻𝕾. Vers le temps d'Henri IV seulement on introduit 𝕲𝕳𝕽𝕾 suivis des mêmes mots *regnat*, etc ; et cette formule se conserve jusqu'à Louis XVI. Dans les monnaies d'argent, c'est souvent SIT NOMEN DNI BENEDICTV̄, ou *Benedictum sit nomen* DNI NRI DEI IHV XPI. Dans celles des premières époques on trouve souvent l'A et l'R séparés par une croix ⚜✝⚜ En Grèce autour de la croix c'est toujours IC XP ✝ NI KA

brai (1). Le chiffre de Marie, comme l'entend l'auteur, MR signifiant *Maria*, ne se trouve jamais à cette époque; encore moins le chiffre d'un personnage qui n'est pas dans le tableau, comme serait Joseph par rapport à celui-ci. Les deux chiffres grecs du Sauveur deviennent : $\overline{\text{IHS}}$ $\overline{\text{XPS}}$. $\overline{\text{I}\eta\text{S}}$ $\overline{\text{XRS}}$. Saint Bernardin de Sienne, qui le premier a fait rendre dans l'Eglise un culte spécial au divin nom de Jésus, portait ordinairement un tableau où ce saint nom était écrit tout-à-fait en lettres gothiques, correspondans toujours aux trois caractères grecs (2). Au XVI° siècle, sainte Thérèse et saint Ignace l'écrivent $\overline{\text{IHS}}$, et c'est encore ainsi que nous l'employons. Mais si le chiffre grec, très peu modifié, est resté dans l'usage des Occidentaux, si la lettre H, qui ne devait point se trouver dans le nom latin du Sauveur,

---

(1) Quelquefois on s'est borné aux simples initiales M.D. IX. C'est ainsi que je les ai trouvées dans un manuscrit napolitain qui se trouve au séminaire de Malines, et où on croyait lire la date 1509, MDIX. Mais le style des miniatures, les louanges des rois angevins pour lesquels le livre avait été fait, tout indiquait que cette date était fausse et que le manuscrit remontait environ à deux siècles au-delà. Je remarquai que les deux lettres MD. correspondaient à une figure de la mère de Dieu. Comme celles IX correspondaient à une figure du Sauveur placée en regard, l'erreur relative à l'âge du manuscrit fut évidente et la signification des quatre lettres indubitable.

Au XIV° siècle, les artistes d'Occident inscrivirent plus ordinairement le nom des saints dans le nimbe qu'ils portaient. Dans celui de Marie ils écrivirent souvent *Ave Maria Gratia Plena*

(2) Tous les anciens peintres qui l'ont représenté lui ont toujours mis

mais qui n'y était point extraordinaire, parce que, dans l'orthographe vicieuse de ce temps, on écrivait ordinairement Jhesus, y est demeurée; si le χ purement grec y est resté accolé à l'R et à l'S latine dans le chiffre $\overline{\text{HRS}}$ *Christus*, les Grecs, ni du temps des Comnène, ni d'aucun autre temps, que je sache, n'ont adopté l'𝔐 et l'𝕽 gothique de l'Occident. Je pense donc qu'on s'est mis en trop grands frais d'érudition, en cherchant dans notre inscription des caractères greco-romains du temps des Comnène. Le chiffre $\overline{\text{MR}}$ $\overline{\text{ΘY}}$ est la traduction latine du Μητηρ Θεου. Le chiffre IHS XRS est bien un peu grec, un peu latin, si l'on veut; mais ce mélange est propre aux anciennes écoles de l'Occident, et non à celle de Byzance (1). Ainsi l'inscription de la Vierge de Cambrai

ce chiffre à la main, et la patrie l'a fait tracer en lettres d'or, entouré de rayons de forme flamboyante sur champ d'azur, dans un magnifique écusson qui orne le palais public de la ville.

(1) Il y a, en Italie, une foule d'exemples curieux de ce mélange de caractères grecs et latins. Par exemple, dans la mosaïque de l'abside de St-Clément à Rome, on lit près des figures des apôtres.

| O | O | |
|---|---|---|
| A | A | Peut-être aimait-on à figurer, par là, l'universalité de l'Eglise et |
| Γ | T | la fusion chrétienne de l'Orient et de l'Occident, comme par |
| I | I | l'insertion de l'invocation grecque Κυριε ελεησον et du trisa- |
| O | O | gion dans la liturgie. Les Grecs, trop dédaigneux des Latins |
| C | C | et dont l'esprit étroit tendait au schisme, ne nous ont pas |
| P | P | rendu la pareille. |
| E | A | |
| T | V | |
| R | L | |
| V | V | |
| S | S | |

confirme, pour le temps et pour le pays, où a été exécuté le tableau, les probabilités énoncées plus haut, et le rapporte à l'ancienne école d'Italie du XIII° au XIV° siècle (3).

Quelques mots maintenant sur les observations de M. F., au sujet des images de l'Immaculée Conception :

Les plus anciennes images de l'Immaculée Conception que j'ai rencontrées, représentent saint Joachim et sainte Anne en prières, et de leurs poitrines sortent deux branches de lis qui se réunissent dans le haut du tableau en une fleur unique, de laquelle sort à mi-corps l'image de Marie, également en prière. Le plus ancien exemple d'une Vierge Immaculée, à peu près comme nous la représentons, c'est le tableau qu'on vénère à Rome, à l'*Humiltà*, sous le nom de *Madonna di Guadalupe*, et qu'on dit être une copie d'une image miraculeuse d'Amérique. Marie prie les yeux baissés, les mains jointes; elle est environnée de rayons en forme de flammes. C'est une ravissante figure de Vierge, comparable aux plus belles du moyen-âge. L'original est, dit-on, du commencement du XVI° siècle. La copie de Rome est nécessairement plus récente.

Garofolo, élève de Raphaël, a peint l'Immaculée Conception avec une poésie charmante. Et, en effet, je crois que cet ineffable sujet n'est peu favorable à l'art, que dans ce

---

(1) J'avais déjà lu *Mater Dei* m̄R̄ P̄I quand je dessinai, en 1842, pour ma propre satisfaction, la Vierge de Cambrai. Seulement j'avais remarqué que le trait supérieur de la lettre P était effacé. M Didron, dans le bulletin bibliographique d'un des derniers numéros des *Annales Archéologiques*, où il rend compte de l'*Essai* de M. F..., a lu comme moi; ou plutôt, car je crois qu'il n'a pas vu Notre-Dame-de-Grace, il l'a conclu, sans hésiter, de l'usage général du moyen-âge.

sens, que l'élévation qu'il demanderait est peut-être au-dessus des ressources ordinaires de l'art humain. Je connais encore quelques rares exemples. Carle Maralte, chargé, au XVII<sup>e</sup> siècle, de peindre ce sujet, pour les Capucins de Rome (ordre qui a toujours fait gloire de défendre la doctrine de l'Immaculée Conception), a peint la Ste-Vierge debout, pleine à la fois de grace et de dignité et tenant entre ses bras Jésus enfant, qui, de sa croix, terrasse le dragon dont Marie écrase la tête. Il a voulu montrer, sans doute, que la force qui lui a été donnée de le fouler aux pieds, dès le premier moment de son existence, venait toute entière de l'enfant divin qu'elle devait mettre au monde. Cet exemple a été plusieurs fois suivi en Italie. Plusieurs Espagnols des mêmes époques l'ont représentée seule, et peut-être est-ce de cette école plus que de toute autre, qu'est dérivée l'image assez fréquente, mais non exclusive, que nous employons aujourd'hui (1). Seulement en France, on a étendu les bras.

Je viens, Monsieur, de traverser en courant plusieurs des faisceaux de conjectures ou d'assertions peu fondées amassées par l'auteur de l'*Essai*: mais le champ de l'hypothèse a été si amplement fécondé par lui, qu'il reste beaucoup à glaner, et qui voudrait, dans un écrit, contester tout ce qui est contestable, s'imposerait une tâche trop vaste pour mes forces comme pour mes loisirs. Avant de sortir de la partie de la discussion qu'un artiste peut aborder et à laquelle je me borne, un mot encore d'une ou deux idées fausses qui apparaissent ça et là dans l'*Essai*, et je finis.

---

(1) A mon tour, je fais ici une conjecture. On peut la rejetter si on la la trouve peu fondée. Je n'y tiens point.

M. F... a cru que ces tableaux, objets de tant d'amour et de vénération dans les églises grecque et latine, pour la défense desquels on mourait au temps des Iconoclastes, n'étaient qu'un léger moyen d'*ornement*, qu'on réduisait exprès aux plus minimes dimensions (p. 17 et 37), pour ne point distraire l'attention des *grandioses proportions* de l'architecture. Je crois que l'histoire et les faits prouvent abondamment le contraire (1); mais cette erreur paraît tenir à une autre qu'il m'appartient mieux de combattre. C'est que M. F... en est encore, par rapport à l'art chrétien primitif, ou du moins par rapport à la peinture du vieux monde catholique, aux idées déjà si justement abandonnées des deux derniers siècles qui la regardaient comme non avenue, fermaient les yeux pour ne point voir, et badigeonnaient ses ouvrages, pour qu'elle ne prétendît point avoir existé avant l'époque qu'on voulait absolument assigner à sa naissance. Or cet art, dès l'époque la plus reculée, tenait dans l'ornementation sérieuse, enseignante si je puis ainsi parler, et presque obligée des Eglises, un rang dont M. F..., n'a pas la moindre idée. Il suppose que la grande peinture monumentale des temples chrétiens, a commencé avec la prétendue renaissance du 16ᵉ siècle, avec Raphaël, Michel-Ange, etc., et c'est

---

(1) La proposition ne serait pas vraie même en la restreignant aux seuls tableaux qui étaient directement un objet de culte. Ainsi plusieurs Vierges dont nous avons parlé, des Crucifix d'Apollonio Greco, de Gianta, de Margaritane d'Arezzo, vénérés en Toscane, sont de grande dimension, ainsi que beaucoup de tableaux en forme de dyptiques et de triptyques placés sur les autels. L'image de sainte Marie *in Cornudin*, est toute byzantine, très ancienne, plus grande que nature et de la plus grande beauté. On pourrait augmenter à l'infini cette énumération.

depuis lors au contraire qu'elle a commencé à mourir. « Il entrait, dit-il, dans le système des architectures romaine et gothique, de ne placer que de très petits ornements sur les grands monuments... » J'abrège la citation, on peut voir l'*Essai*. « *Les peintres ont successivement proportionné la grandeur de leurs ouvrages aux progrès qu'ils faisaient dans l'entente de la perspective.... celle-ci se perfectionna* rapidement *avec la peinture murale dont l'usage se développe à partir du XVI*e *siècle.* Les temples du XVIe et du XVIIe siècle *purent s'embellir de fresques* à raison desquels les *peintres de ces deux époques se partagèrent justement une gloire que les architectes avaient auparavant seuls recueillie.* » Tout cela est bien affirmatif, mais n'est malheureusement pas vrai. Saint Paulin et d'autres anciens auteurs nous apprennent que l'usage de couvrir les murailles des églises de peintures qui étaient le livre des ignorants, s'établit dès la fin du IVe siècle. Toutes les anciennes églises de Grèce sont peintes dans tous les sens. Toute l'Ecriture-Sainte, toute l'histoire de la Religion y sont écrites en peintures qui animent toutes les parois, qui montent à toutes les hauteurs dans les pendentifs et dans les coupoles (1). Il en est de même pour l'Italie : Rome, quoique presque toutes ses vieilles basiliques aient été renouvelées et que l'ornementation primitive ait presque partout disparu, peut pourtant montrer encore des monuments ou au moins des fragments considérables de mosaïque et de peinture de presque tous les siècles chrétiens, à partir des catacombes, de ceux même où nous supposons le moins

---

(1) Voyez les *Annales Archéologiques* et le *Guide de la Peinture Byzantine*, par M. Didron.

l'existence et la culture de ces arts. L'église Constantinienne de St-Paul hors des murs était toute couverte, lors de l'incendie, de ces vieilles fresques antérieures, non seulement à la renaissance prétendue du XVIe siècle, mais même à la vraie renaissance catholique dès XIIIe et XIVe siècles. Plusieurs tableaux des grandes fresques représentant l'histoire de Moïse, les plaies d'Egypte, etc., et qui dataient du siècle de Charlemagne, ont été sauvés, transportés sur toile, et sont actuellement dans le monastère attenant à la Basilique où je les ai vus. Les expressions sont énergiques et terribles, les figures plus grandes que nature sont tracées avec tant d'audace, qu'il est impossible que les artistes qui les ont exécutées n'eussent pu faire beaucoup mieux, s'ils avaient voulu étudier et se donner quelque peine. L'église de St-Laurent hors des murs, et plusieurs autres, ont encore quelques peintures, ou plus anciennes, ou dont la date s'éloigne peu de celle-là. Les grandes mosaïques de la même ville, celles de Ravenne et de plusieurs autres villes de Grèce et d'Italie, sont encore un genre de grande et gigantesque peinture que nous avons presque entièrement perdue (1), et dont les monuments apparaissent pendant tout l'intervalle qui s'écoule du VIe au XVIe siècle. Celles de Ravenne remontent aux dernières convulsions de l'empire d'Occident. Celle qui remplit l'abside de l'Eglise de St-Come et de St-Damien à Rome, exécutée au VIe siècle et au bas de laquelle se lisent ces beaux vers :

*Aurea concisis surgit pictura metallis, etc.*

est admirable. La figure du Christ est d'une grandeur que

---

(1) Rome cependant la cultive toujours et la basilique de St-Pierre n'a point d'autres tableaux.

Michel-Ange, Raphaël et tous les peintres qui les ont suivis, n'ont jamais atteinte. Dans celle du Trictinium de Léon III près St-Jean-de-Latran, on voit le Sauveur envoyant ses apôtres prêcher l'Evangile par toute la terre. On le voit encore donnant les clefs au pape saint Sylvestre et l'étendard impérial à Constantin, et en regard on voit saint Pierre donnant le pallium à Léon III et l'étendard à Charlemagne. Celles de Ste-Praxede, de Ste-Marie *in Domenica* sont du temps du pape Pascal I$^{er}$. On en trouve encore au X$^e$ siècle plus mauvaises que les précédentes, et pourtant il y a encore du goût dans l'ensemble, quelque noblesse, quelque caractère dans les figures; et bientôt l'art se relève avec les Cosmati et F. Mino da Turrita (2), dont les Mosaïques nous conduisent à l'époque des Cimabué et des Giotto.

Alors la fresque moins couteuse et plus facile d'exécution déborde de nouveau. Jamais le XVI$^e$ siècle, n'a produit les immenses épopées du pinceau qu'écrivirent alors à la basilique Franciscaine d'Assises, à Sta-Maria-Novella de Florence et à la chapelle des Espagnols, à Sta-Croce, à San-Giungniano, au Campo-Santo de Pise, à l'Eglise de l'Arena à Padoue, et en mille autres lieux, les Giotto, les Gaddi, les Momi, les Oreagna et une foule d'autres, et qu'on y retrouve encore tantôt complètes, tantôt et plus souvent en magnifiques fragments dont les barbares des trois derniers siècles ont détruit une partie. Partout même dans les plus petites villes d'Italie, on retrouve les débris de ces vieilles et immenses peintures; on voit, à toutes les murailles, des

---

(1) Plusieurs de celles de Ste-Marie-Majeure sont du temps du pape Sixte III (V$^e$ siècle), tandis que d'autres sont de Turrita. (Voyez d'Agnicourt, *hist. de l'art.*) — Voyez l'*Esquisse de Rome*, chronique par M. Gerbet.)

figures pleines d'expression et de vie reparaître sous le plâtre et le badigeon dont on les a couvertes. Car l'Eglise alors était un livre immense où tout racontait au chrétien les dogmes et l'histoire de sa foi. On est étonné, lorsqu'on regarde avec attention les ouvrages de cette époque, de tout ce que savaient ces hommes que nous supposons si ignorants dans leur art. Plusieurs figures de la chapelle des Espagnols, par exemple, sont aussi belles de style et d'expression que celles de Raphaël, et les pensées sont plus profondes, les conceptions plus vastes. Cette peinture est à celle du XVI$^e$ siècle ce que la poésie de Dante est à celle du Tasse, ni plus ni moins. On voit donc que la grande peinture murale n'avait pas eu besoin d'attendre, pour naître et se développer, les derniers perfectionnements de l'art de la *perspective*. Celle-ci même, dans les maîtres dont nous parlons, sans être d'une exactitude absolument géométrique, est pourtant bien moins défectueuse que ne le suppose probablement M. F.... Il est vrai que dans notre art du Nord, nous avons peu d'exemples analogues : la sculpture faisait en général chez nous ce que la peinture faisait au delà des Alpes ; puis nous avions les vitraux, et enfin un grand nombre d'anciennes peintures ont été détruites. On a retrouvé pourtant sur les bords du Rhin et dans plusieurs de nos vieilles cathédrales, des fragments de fresque qui avaient de l'importance et du mérite. En somme, il est certain que la peinture chrétienne n'est pas aussi jeune et n'a pas été aussi timide, aussi stérile, dans les siècles même que nous réputons barbares, que l'a pensé l'auteur de l'*Essai*.

Après cela, je ne sais si je dois m'arrêter à une observation tout au plus spécieuse, et dont M. F... laisse en partie la responsabilité à un autre écrivain : « Que du V$^e$ au XIII$^e$ » siècle une pensée théocratique avait enchaîné l'art (p. 29),

» l'avait astreint à des formes serviles, superstitieuses, qui
» le rendirent trop long-temps stationnaire; que l'art tout
» dégénéré, tout dégradé qu'il se montrait dans ces temps de
» barbarie, était lui-même, en quelque sorte, devenu une
» religion. C'est, dit-il, qu'il est toujours arrivé dans les
» religions sacerdotales que l'immutabilité du dogme s'est
» reflétée sur les objets matériels servant au culte, etc., etc. »
Il paraît y avoir là une classification des religions en sacerdotales et non sacerdotales à laquelle je n'entends rien. M. F... connaît-il des religions sans sacerdoce ? Toujours et partout le sacerdoce a présidé aux représentations qui intéressent le culte. Le sacerdoce chrétien devait diriger aussi la marche de l'art qui servait à expliquer au peuple ses dogmes et son histoire. C'était son droit et son devoir, et en le faisant, il lui a laissé pourtant la plus grande liberté possible. Si avant le XIII° siècle, il enchaînait l'art dans un système de formes serviles et superstitieuses, d'où vient qu'il en est autrement aujourd'hui ? Le catholicisme est encore tout ce qu'il était, une religion immuable dans ses dogmes, sacerdotale dans son organisation hiérarchique. Il y a donc eu une lutte ? Il n'y en a point de traces ! La religion a dû défendre son principe d'immobilité, proscrire les œuvres d'art qui s'en écartaient ? Il n'en est rien. Essentiellement et réellement catholique, douée par conséquent d'une propriété merveilleuse d'universalité, elle a accepté en les agrandissant et en les sanctifiant, toutes les formes extérieures de l'art, des temps et des lieux qu'elle a traversés. Le sacerdoce n'a imposé à l'art aucune loi qui pût comprimer son développement louable (1). Il ne lui a interdit que

(1) En Grèce, il est vrai, l'artiste peut bien perfectionner l'exécution,

l'immoralité et l'erreur, parce que le christianisme est la religion de la vérité et de la vertu. Il ne lui a prescrit que d'instruire, d'élever, d'épurer l'ame des fidèles, et plût à Dieu que sa voix n'eût jamais été méprisée. Mais il ne s'est jamais attribué l'art comme un monopole. Lorsque le cataclysme où s'abîma le monde Romain eût ébranlé si profondément les populations que de long-temps elles ne purent retourner aux arts de la paix, le prêtre et le religieux furent bien à peu près les seuls artistes, comme ils étaient les seuls lettrés. Cela est vrai; il est vrai encore que la pensée et le dogme avaient à leurs yeux plus d'importance que l'exécution; mais dès que des laïcs habiles se présentèrent pour prendre part à l'héritage de l'art et de la science que le sacerdoce leur avait conservé, celui-ci les accueillit, encouragea leurs efforts, leur accorda toute latitude dans les limites si vastes de l'orthodoxie et de la morale qui n'entravèrent jamais le vrai génie. Il recourut même avec empressement à leurs talents, et c'est à ses pontifes qu'est dû le siècle que l'on regarde comme la plus belle époque de l'art moderne.

mais pour la composition et la disposition des objets il lui est enjoint de suivre la tradition des devanciers. Il en résulte que le peuple habitué à voir constamment les mêmes sujets sacrés représentés de la même manière, lit couramment et sans hésiter, lorsqu'il entre dans une église les peintures qui sont placées sous ses yeux. Il en a été de même à peu près en Occident avant le XVIe siècle quoique avec beaucoup plus de liberté, et seulement pour les sujets historiques. Encore n'était-ce par suite d'aucune loi positive, mais uniquement par un sage respect de l'antiquité, qui n'excluait pas le progrès comme on le voit du XIIIe au XVIe siècle. Depuis que les artistes se sont affranchis de toute espèce de joug traditionnel, le peuple ne comprend plus rien aux tableaux qu'on met ordinairement sous ses yeux dans les églises.

Malgré quelques expressions voisines de l'impatience que m'ont peut-être arrachées dans le cours de l'examen que je viens de faire, plusieurs assertions trop dépourvues d'exactitude, je ne veux pas croire à des intentions fâcheuses de la part de l'auteur, et je suis heureux d'arriver enfin à la charmante anecdote qui termine son travail; ici je me réconcilie avec lui et je le remercie cordialement. Oui, il y a bien une puissance dans ces vieilles pages qui attestent la foi de nos pères, qui ont été entourées de la vénération des siècles, et qui, encore aujourd'hui, parlent bien mieux à l'âme que nos tableaux académiques, que nos Vierges roses et blanches des expositions. Ceux qui ont su ainsi, même dans leurs œuvres les moins parfaites (car il faut bien avouer que l'image de Notre-Dame-de-Grace de Cambrai n'est pas le dernier mot de l'art grec ou latin de l'époque même à laquelle elle paraît appartenir), ceux, dis-je, qui ont su ainsi élever les âmes, consoler la foi et l'espérance, ont été après tout de vrais artistes. Ils ont compris le véritable but de l'art et ils l'ont atteint. Ils ont compris que l'art est simplement un langage, que toute parole doit avoir un but, que la parole adressée au peuple dans le Temple, doit le sanctifier et non pas seulement flatter ses regards et n'être qu'*une simple récréation pour les yeux*. Dieu les a bénis. Il a glorifié leurs intentions et leurs ouvrages, ou plutôt, la foi excitée par la vue de ces ouvrages, il l'a glorifiée, dis-je, par des graces et même par des miracles. Vénérons donc ces images, honorons leurs auteurs, et dans cette partie solide et sérieuse, qui est à l'art ce que l'éloquence est au langage et où ils ont souvent excellé, imitons-les.

L. J. R.

www.ingramcontent.com/pod-product-compliance
Lightning Source LLC
Chambersburg PA
CBHW060903050426
42453CB00010B/1549